大川隆法

Ryuho Okawa

宮澤喜一
元総理の霊言

戦後レジームからの脱却は可能か

そうでないなら由々《ゆゆ》しき事態である。宮澤元総理を超えるリーダーシップのある政治家の登場が望まれる。

二〇一三年　二月七日

幸福《こうふく》の科学《かがく》グループ創始者兼総裁《そうししゃけんそうさい》
幸福実現党総裁《こうふくじつげんとうそうさい》
大川隆法《おおかわりゅうほう》

宮澤喜一 元総理の霊言　目次

宮澤喜一《みやざわきいち》　元総理の霊言《れいげん》

――戦後レジームからの脱却《だっきゃく》は可能か――

二〇一三年一月十五日　収録
東京都・幸福の科学総合本部にて

「霊言現象《れいげんげんしょう》」とは、あの世の霊存在の言葉を語り下ろす現象のことをいう。これは高度な悟《さと》りを開いた者に特有のものであり、「霊媒現象《れいばいげんしょう》」（トランス状態になって意識を失い、霊が一方的にしゃべる現象）とは異なる。

なお、「霊言」は、あくまでも霊人の意見であり、幸福の科学グループとしての見解と矛盾《むじゅん》する内容を含《ふく》む場合がある点、付記しておきたい。

宮澤喜一《みやざわきいち》 元総理の霊言《れいげん》

――戦後レジームからの脱却《だっきゃく》は可能か――

二〇一三年一月十五日　収録

東京都・幸福の科学総合本部にて

宮澤喜一《みやざわきいち》（一九一九～二〇〇七）

日本の政治家。東京生まれ。東京帝国《ていこく》大学法学部政治学科卒業後、旧大蔵省に入省。蔵相《ぞうしょう》秘書官等を務めた後、政界入り。その英語力は「政界随一《ずいいち》」と言われ、主要な日米会談に参加。経済企画《きかく》庁長官、通産相、外相、内閣官房《かんぼう》長官、蔵相、副総理等を歴任した後、内閣総理大臣（第七十八代）に就任。在任中、大量の離党《りとう》者を出し、戦後の自民党長期政権最後の首相となった。

質問者　※質問順

綾織次郎《あやおりじろう》（幸福の科学理事　兼《けん》「ザ・リバティ」編集長）

加藤文康《かとうぶんこう》（幸福実現党総務会長）

［役職は収録時点のもの］

1　戦後政治の分岐点《ぶんきてん》となった「宮澤《みやざわ》内閣」

「宮澤総理」後に急降下が始まった日本経済

大川隆法　一昨日《おととい》（一月十三日）の『未来の法』（幸福の科学出版刊）の講義（東京正心館《しょうしんかん》）でも、少し言及《げんきゅう》しましたが、明日、一月十六日は、朝日新聞社の若宮《わかみや》啓文《よしぶみ》主筆が退社される日です。

三日前、若宮氏本人が「私の執筆《しっぴつ》はこれが最後になる」と書いた論説には、さまざまなことが述べられていましたが、その最後のほうで、宮澤喜一《みやざわきいち》元総理の発言について言及した部分がありました。「若宮氏の最後の仕事として、『自分の論説の拠《よ》り所』を宮澤氏に持ってきたところを見て、宮澤氏についても調べたくなった」ということが、今回の霊言《れいげん》収録の動機です。

確かに、宮澤喜一氏が総理を務めていたあたりの時期は、一つの「時代の分岐《ぶんき》点《てん》」だったと感じています。宮澤氏は、戦後、三十八年間続いた自民党政権の最後の総理大臣でしたが、そのあと、新党が乱立したり、旧社会党の党首が総理になったりと、九〇年代にはいろいろなことがあって、一時期、政治が乱れました。

そのころから日本経済の急降下が始まり、「バブル崩壊《ほうかい》」以後の二十年余りの間は、全体的に、経済成長をしない不調の状態が続いているかと思います。

そういう意味では、失礼かもしれませんが、宮澤氏は、一つの〝分水嶺《ぶんすいれい》〟といいますか、「戦後日本の高度成長のピリオドを打った人の一人」という感じもしています。

「英語の辞書を暗記している」という神話もあるほどの秀才《しゅうさい》

大川隆法　宮澤氏は、若いうちから、周りには「秀才《しゅうさい》」として知られていて、私立武蔵《むさし》高校から東大法学部に行き、二十代から三十代の初めのころにも、けっこう活躍《かつやく》されました。

要するに、戦後のＧＨＱ体制の時期には、すでに「政治家の秘書官兼《けん》通訳」のようなかたちで、実際にＧＨＱと交渉《こうしょう》したりしていたため、若いうちから頭角を現したのです。

その力の源泉の一つとしては、「英語力」があったかと思います。

日米開戦に先立つこと二年ほど前、「日米学生会議」というものがあり、アメリカの学生と会議をするために、日本全国から数十人の学生が船に乗って出かけていきました。その船のなかで、宮澤氏は、東京女子大の代表として来た人と知り合いになり、後《のち》に結婚《けっこん》なさったようです。

英語は、わりあいに強かったらしく、「英語の辞書を暗記している」といった〝神話〟もけっこうあったようです。しかし、その真偽《しんぎ》について、いろいろと問われても、本人は、「そういう神話は、みんな嘘《うそ》です。戦後、通訳などを務めているうちに勉強したのです」と言っています。

宮澤氏本人としては、秀才の自覚はそれほどなかったようです。

出身校である武蔵高校は、いわゆる「御三家《ごさんけ》」の名門校ではありますが、おそらく、旧制の東京府立一中（現・日比谷《ひびや》高校）には落ちているのではないかと思われますので、自分のことを、それほど秀才だとは思っていなかったのかもしれません。

宮澤氏を政界に導いた池田勇人《いけだはやと》氏との深い縁《えん》

大川隆法　また、政界入りするに当たっては、大蔵省（現・財務省）時代から縁《えん》のあった池田勇人《いけだはやと》氏（のちの総理大臣）がかかわっています。

池田氏は、大蔵省の課長だった当時、同郷の友人である宮澤氏の父親を通じて、大蔵省へ入るように勧《すす》め、保証人となりましたが、これは、実は、あまりよい筋の推薦《すいせん》ではありませんでした。

大蔵省において、池田氏は、京大卒であることや、入省後に全身が皮膚《ひふ》病のようになって闘病《とうびょう》したことなどもあって、出世がかなり遅《おく》れ、〝三等切符《きっぷ》〟のようなコースに乗っていた人です。そのため、「局長以上まで行く」とは、誰《だれ》も思わない状態だったのです。

それが、意外にというか、幸運なことに、その後、池田氏がトントン拍子《ひょうし》に出世し、総理大臣にまでなってしまったため、それにつれて、宮澤氏も政界で頭角を現していくかたちになったわけです。池田氏の秘書官を辞《や》めてから、参議院議員に二回当選し、そのあと、衆議院に転じて、四十二歳《さい》で経済企画《きかく》庁長官になっています。

自民党の「ニューリーダー」から〝最後の将軍〟へ

大川隆法　後ほど、自民党の「ニューリーダー」として、安倍晋三《あべしんぞう》総理の父親である安倍晋太郎《しんたろう》氏（元・外務大臣）と、竹下登《たけしたのぼる》氏（元・総理大臣）、それから宮澤氏との間で競《きそ》いましたが、政治家のスタートとしては、この二人よりも宮澤氏のほうが早く、かなり先を行っていたのに、追いつかれたような感じになっています。

池田政権のときには、「所得倍増政策」の一部を担《にな》っていたため、自分が総理になったときには、「所得倍増」ではなく、「資産倍増」というようなことも掲《かか》げたのですが、掛け声倒《だお》れとなり、本当のところは、「資産半減」してしまいました。土地も建物も株も価値が半減したかたちになったのです。

十五年も二十年も前から「総理総裁候補」と言われていましたが、実際になったのは七十二歳のときのことだったので、「少し遅《おそ》かった」という印象もないわけではありません。

この人は、最後の将軍だった十五代将軍・徳川慶喜《とくがわよしのぶ》にたとえられることも多く、首相を退《しりぞ》いたころ、「これで少し慶喜のことを読んでみろ」と、誰かから、司馬《しば》遼太郎《りょうたろう》の『最後の将軍』を献本《けんぽん》されたようです。読んだ反応として、宮澤氏本人は、「意外に、けっこう立派な人じゃないか」というようなことを、平気でシラッと言っていたようではあります（笑）。

実際、自民党の〝最後の将軍〟になって、混乱を呼んだと思います。

「東大法学部の権威失墜《けんいしっつい》」は宮澤氏から始まった？

大川隆法　それと、もう一つは、今のところ、宮澤氏は東大法学部卒の〝最後の総理大臣〟であり、その後二十年ほど、同学部からは総理が出ていません。

そのため、東大法学部の「権威失墜《けんいしっつい》」のシンボルにもなってしまいました。この方が総理になったときには、「いよいよ〝真打ち〟が出てきたから、これからはよくなる」と、多くの人々に期待されましたが、あまりにも振《ふ》るわなかったので、没落《ぼつらく》の感が強く出ました。

その後、法学部ではなく、工学部出身ではありますが、久しぶりに出てきた東大卒の総理が鳩山由紀夫《はとやまゆきお》氏であったため、人々は、また、がっかりしました。

いずれにせよ、宮澤氏は、幾分《いくぶん》か、東大の〝地盤沈下《じばんちんか》〟を引き起こすきっかけにもなっていますし、それ以後、慶応《けいおう》や早稲田《わせだ》などから、やたらと総理大臣が出てくる幕開けにもなったと思います。

それまでの慶応大では、経済学部だけが「飛び抜《ぬ》けてよい学部」として有名でしたが、一九九〇年代に日本経済が停滞《ていたい》したこともあって、経済学部が没落しました。そのかわりに、橋龍《はしりゅう》（橋本龍太郎《はしもとりゅうたろう》）が総理になったころから、出身学部である法学部の株がとても上がっていきました。

そのような栄枯盛衰《えいこせいすい》があったと思いますが、少し残念な感じがします。

評価を二分する宮澤氏は「秀才《しゅうさい》」か「祟り神《たたりがみ》」か

大川隆法　国会では、審議《しんぎ》中に居眠《いねむ》りする議員も多いようですが、この人は、うつむいて、机の下で「タイム」や「ニューズウィーク」などを読んでいる姿が、よく目撃《もくげき》されていました。

当時、マスコミからは、「宮澤さんは、〝英語使い〟ではあるが、本当に、総理になれるのだろうか」というように言われていたことを、私も覚えています。

また、ややシニカルで冷笑的なところがあり、「投げやり」にも感じられるような言葉を使うこともあったあたりに、力の出なかった原因があるかと思います。ただ、国内においては「能力のある人」だと思われていましたし、アメリカからも一目置かれていた人ではあったので、若干《じゃっかん》、残念な感じがしないわけではありません。

総理を辞めたあとも、小渕《おぶち》内閣や森《もり》内閣のときに、大蔵大臣、あるいは、初代財務大臣として引っ張り出され、「総理経験者が蔵相《ぞうしょう》を務めるのは高橋是清《たかはしこれきよ》以来だ」と言われました。

そのように、宮澤氏には、毀誉褒貶《きよほうへん》、両面の評価があったと思います。「期待されていた秀才《しゅうさい》」ではあったのですが、傾向《けいこう》としては、やや祟《たた》り神《がみ》的な雰囲気《ふんいき》を感じさせるものもあったのではないでしょうか。

本人名義で「幸福の科学の会員登録」をしていた総理大臣

大川隆法　ちなみに、二十年以上前に霊査《れいさ》を行ったときには、「宮澤氏の過去世《かこぜ》は菅原道真《すがわらのみちざね》ではないか」と述べたこともありました（『悟《さと》りに到《いた》る道』〔幸福の科学出版刊〕第2章参照）。その当時、何人かの政治家の過去世を霊査したものが、テレビのワイドショーなどでも紹介《しょうかい》され、「みな、だいたい妥当《だとう》なラインだ」などと言われていたことを覚えています。

それはともかくとして、結局、宮澤喜一氏自身の評価はどうなのでしょうか。その功罪は何とも言えないところです。

また、あとの評判がそれほどよくなかったため、私もあまり言ってこなかったのですが、実は、宮澤氏は、総理大臣のとき、幸福の科学の会員だったのです。

政治家の多くは、秘書の名前等を使って当会の信者になることが多いのですが、宮澤氏は本人名義で会員になっていました。その意味では、少し残念ではあります。「フライデー事件」での騒動《そうどう》があったことなども影響《えいきょう》し、その後、引いていくような感じになったと思います。

当会から出た総理大臣だったものの、やや残念な結果ではありました。

「暴漢との三十分の格闘《かくとう》を制した体力派」という意外な一面も

大川隆法　宮澤氏の宗教とのかかわりについて、それ以前には、立正佼成会《りっしょうこうせいかい》の話もあります。

庭野日敬《にわのにっきょう》氏が会長だったときに、「会長の秘書」と称《しょう》する代理の人から、宮澤氏に申し入れがあり、ホテルで会談することにしたそうです。

ところが、ホテルの一室で会う際、自分の秘書が部屋の外に出ていき、相手の自称秘書と二人きりになったとき、突如《とつじょ》、その者が暴漢と化し、襲《おそ》いかかってきたのです。実際、それが目的だったようです。

二人で三十分近く格闘《かくとう》した末、宮澤氏は、小柄《こがら》ながらも、とうとう戦いを制し、暴漢を捕《と》らえたといいます。

これは総理になる前の出来事であり、私も、立正佼成会という宗教の名前をはっきりと知ったのは、そのときが初めてだったかと思います。「宗教団体のトップの密命を帯びて政治家のところへ行くというのは、お金や選挙の応援《おうえん》といったことなのだ」と理解しました。

宮澤氏も、戦前の時代には、体育で柔道《じゅうどう》か何かをしていたのかもしれませんが、「意外と体力派だったのか」と、驚《おどろ》きを禁じえませんでした。「政治家も体力は要《い》るものなのだ」と、つくづく思ったものでした。

「護身用ゴルフクラブ」片手に時速六キロで早朝散歩

大川隆法　晩年にも、「早朝から代々木《よよぎ》公園で散歩している姿をよく見かけた」という話があります。この人は歩くのが速く、時速六キロぐらいの速度だったといいます。そのため、一緒《いっしょ》に連れて歩いていた秘書も、「ついていけない」と、音を上げてしまったようです。毎朝、秘書が出てくるのも大変なので、宮澤氏は、護身用としてゴルフクラブの五番アイアンか何かを手に持ち、代々木公園をものすごい速さで歩いていたそうです。

その結果、二〇〇七年、八十七歳まで、矍鑠《かくしゃく》として生きられました。

このように、さまざまな思い入れのある方ではあります。

若宮《わかみや》主筆が「最後の論説」で宮澤総理の言葉を引用した意図

大川隆法　宮澤喜一氏が、今、日本を元気にするような話ができるかどうかは微《び》妙《みょう》です。ただ、少なくとも、「安倍政権の宿敵」と思われた朝日新聞の方が社を去るに当たり、宮澤氏を引用したというあたりに、何か〝申し送り事項《じこう》〟があるのかもしれません。

以前、東京新聞が坂本義和《さかもとよしかず》氏（東大名誉教授）の寄稿《きこう》を掲載《けいさい》したのを受け、同氏の守護霊《しゅごれい》霊言を出したことがありましたが（『従軍慰安婦《じゅうぐんいあんふ》問題と南京《ナンキン》大虐殺《だいぎゃくさつ》は本当か？』〔幸福の科学出版刊〕第1章参照）、今回は、宮澤喜一氏の考え方や、「この国のあり方や経済問題について、今はどのように見ているのか」ということについて知りたいと思います。

朝日新聞の論説に若宮《わかみや》主筆が書いていたことは、主として、外交的な歴史認識の部分です。歴史教科書に関する「宮澤談話《だんわ》」（官房《かんぼう》長官当時）が出されたころから、中国や韓国《かんこく》に対する弱腰《よわごし》外交や教科書問題などの問題が大きくなってきました。そのあたりのことを、若宮主筆も言いたかったのではないかと思います。

「日本の歴史認識」で韓国《かんこく》に共闘《きょうとう》を呼びかける中国の本心

大川隆法　今また歴史認識をめぐり、日本は、韓国《かんこく》・中国と緊張《きんちょう》状態にあります。最近の新聞には、「中国の外務次官が、韓国に対し、『歴史認識を共有することによって、日本の軍国主義が復活してくる風潮に対抗《たいこう》しよう』と共闘《きょうとう》を呼びかけた」というようなことが載《の》っていました。

中国が韓国に対し、「歴史認識の面で共闘しよう」と呼びかけているところに、ある意味で、「国際的に孤立《こりつ》しそうな立場にある、中国の意外な弱さ」のようなものを、私は読み取りましたが、現実には、この部分が大きな争点にはなるかと思います。

中国は、年が明けても、「日中開戦か」というようなことを、しきりに、マスコミ等で取り上げ、議論しているようですが、日本は、まだ、そんなところまで立ち至ってはいないようです。

「日本の右傾化《うけいか》」を警告した毎日新聞インタビュー

大川隆法　また、昨日《さくじつ》(一月十四日)の毎日新聞には、元アメリカ国務次官補代理だったジョセフ・ナイ氏のインタビュー記事が載っていました。

ナイ氏は、「日本が右傾化《うけいか》し、過剰《かじょう》なナショナリズムが強まっていくのは危険だ」というような意見を述べておられました。例えば、領土問題について、「政治家が『尖閣《せんかく》諸島に軍隊を駐留《ちゅうりゅう》させる』と選挙で主張して当選するのは、不健全なナショナリズムだ」などと書かれていたのです。

これは、毎日新聞によって、左寄りの意見に編集された可能性もありますので、インタビュー全体の流れのなかで、実際にどのように語ったものなのかは分かりませんが、そのような意見が載っていました。

「アジアでの軍事衝突《しょうとつ》」の可能性をどう見るか

大川隆法　今、「日中開戦をしたらどうなるか」というようなことばかり議論している中国と比べると、その毎日新聞の記事は、「アメリカにさえ頼《たよ》っていれば、何もしなくてもよいのだ」といった、昔ながらの意見にも聞こえます。

しかし、現実には、日本の危機管理や国防に関しては、「オバマ政権の続投」も決まり、かなり危《あや》うい状態にはなっていると思います。

アメリカの本心を言えば、「まだ、アルカイダとの戦いも続いているし、イランやシリアの問題等もあるので、アジアのほうで軍事衝突《しょうとつ》を起こしてほしくない。

紛争《ふんそう》が起きると、そのための予算が必要になり、大統領が推進しようとしている『オバマケア』（オバマ政権が推進する医療《いりょう》保険制度改革）もできなくなるから、おとなしくしていてほしい」といったところかもしれません。

オバマ陣営《じんえい》から伝わってくる、安倍総理に対する、ややウェルカムではない波動の原因は、この部分も関係しているかもしれません。

このあたりのことについては、一考を要するかと思っています。

先日の法話《ほうわ》（二〇一三年一月十三日「『未来の法』講義」）でも述べたように、フィリピンから、「日本には強国になってほしい」という意見が言われていますし、インドネシアでは、潜水艦《せんすいかん》を二隻《せき》から十隻に増やし、潜水艦の軍港をつくろうとしています。

そうしたなかで、日本が能天気でいてよいのかどうかは問題ですが、その一方では、「尖閣諸島に軍隊まで駐留させるようなやり方は、行きすぎたナショナリズムだ」といったナイ氏の意見もあるわけです。

しかし、「アメリカは、ハワイやグアムに軍隊を置かずに、はたして、島を維《い》持《じ》できるのか」と問うてみれば、それは、やはり疑問です。「自分たちは超《ちょう》大国だから違《ちが》うのだ」と考えているのかもしれませんが、「時代の流れが変わってきているのではないか」と、私は思っています。

さらに、経済問題もあります。

そこで、今日は、外交・経済を中心に、政治のあり方等について、宮澤氏のご意見を聴《き》いてみたいと思います。ただ、「あまり力強い発言は聴けないのではないか」という、かすかな予感があります。

「すべては空《むな》しい」という言葉が宮澤氏と二重写しになった

大川隆法　余談ですが、今日、幸福の科学総合本部の玄関《げんかん》前に、「すべては空《むな》しい」というタイトルの詩篇《しへん》（月刊『幸福の科学』二〇一三年一月号巻頭言「心の指針」）が掲示《けいじ》されているのを見ました（会場笑）。

また、先日も、幸福の科学提供のラジオ番組「天使のモーニングコール」の最新回分を録音したCDが届いたので、さっそく聴いたところ、パーソナリティの白倉律子《しらくらりつこ》さんが、この「すべては空しい」を朗読していたのです。『未来の法』が発刊された年に、正月から「すべては空しい」という言葉で始まったことについて、つじつまを合わせるために、白倉さんが一生懸命《いっしょうけんめい》に頑張《がんば》っておられ、まことに申し訳なく思いました（笑）。実は、月刊誌の巻頭言は、九年ほど前に、まとめて全部書いてしまったものであるため、これが一月に来るとは思っていなかったのです。

ただ、結果的に、半分ぐらいは当たっている面もあるかもしれません。今日、この「すべては空しい」の掲示を見たときに、宮澤氏の顔と二重写しになり、

"What a coincidence!"《ホワット ア コインシデンス》(なんという偶然《ぐうぜん》!)という感じを受けました(会場笑)。

宮澤氏は、あの世へ行って、多少、明るくなっておられるのか。それとも、"祟り神"として、まだ頑張っておられるのか。また、現在の政権や、これからのことについて、何か意見があるか。安倍総理とは考えが違うのか、違わないのか。今日は、このあたりのことについて調べられたら幸いです。

元総理大臣・宮澤喜一氏を招霊《しょうれい》する

大川隆法　それでは、かつて、日本の総理大臣になられ、また、大蔵大臣としても活躍されました、自民党の宮澤喜一氏を、幸福の科学総合本部に、初めて招来《しょうらい》したいと思います。

宮澤喜一元総理大臣、宮澤喜一元総理大臣、宮澤喜一元総理大臣。

願わくは、新春より、幸福の科学総合本部に来たりて、わが国のあり方、これからの振る舞《ま》い方、考え方等について、アドバイスを頂きたいと思います。

宮澤喜一元総理大臣、どうか、幸福の科学総合本部に来たりて、われらに日本の未来のあり方についてのご指針を頂ければ幸いです。

（約二十秒間の沈黙《ちんもく》）

2 「戦後日本の成功」をどう見るか

「安倍《あべ》総理の反面教師として呼ばれた」と感じている宮澤霊《れい》

宮澤喜一　ああ、宮澤です。ああ……、変なところに呼び出されましたねえ。

綾織　本日は、お出《い》でいただきまして、本当にありがとうございます。

宮澤喜一　うん。悪い話なんでしょうね。

綾織　いえいえ。本年は『未来の法』の年ですので、「未来に向けて、日本の政治をどのようにしていくか」というお話を伺《うかが》えればと思っています。

宮澤喜一　いや、それは、君ぃ、過去の人に訊《き》いても、しかたがないんじゃないかなあ。

綾織　いえいえ。「戦後の日本の政治をどう総括《そうかつ》して、今後の日本の政治を再構築していくか」ということが、今、非常に大きなテーマになっておりますので、この点については、宮澤先生に大局的にお伺いするのがいちばん……。

宮澤喜一　「悪い見本」で、今日は呼ばれたんだろう？

綾織　いえいえ（笑）。

宮澤喜一　なんか、「安倍《あべ》総理が反面教師にするための見本として呼ばれた」というふうに感じているんだがなあ。

「敗戦処理」と「ＧＨＱとの交渉《こうしょう》」で本当は力が尽《つ》きていた

綾織　必ずしも、それだけではありません。

今、安倍総理は、小渕《おぶち》内閣時代に宮澤先生が蔵相《ぞうしょう》としてなさったことと、ほぼ同じようなことをされていますので、プラスの面も含《ふく》めまして、いろいろとアドバイスを頂ければと思っております。

宮澤喜一　うーん、もう古うなったんでねえ。私の考えなんかは、もう古くて、君らから見たら、大正時代の政治みたいな感じなんじゃないかなあ。

戦後のねえ、日本の敗戦処理と、GHQとの交渉《こうしょう》をやったあたりで、もうとっくに、私は力尽《つ》きていたんだよ。その後、総理大臣までやらされたのでは、たまらない。本当は、もっと早く辞《や》めておけばよかったんだよな。やはり、政治家は、惜《お》しまれて去るのがいちばんだよなあ。

だから、政治っていうのは、当選する前に辞めておくのがいちばんいいよ。悪口を言われないで済むからなあ。

綾織　まさに、その「GHQが決めた枠組《わくぐ》みをどうするのか」ということが、今、最も問われている問題でして……。

宮澤喜一　そんなの、君ねえ、僕《ぼく》なんかに何かできるわけがないじゃないか。

綾織　いえいえ。

宮澤喜一　ええ？　敗戦処理の際、珍《めずら》しく敵性言語（英語）が使えたというだけのことで、戦後、わりに早く駆《か》り出されて、GHQとの交渉もやりましたがなあ。

今は、国が大きくなりすぎたんだろう。敗戦のときには、世界（主要国）でビリに近いGDPだったかもしれないなかから（笑）、まあ、世界二位まで上がった。今は三位かどうかは知らんけど、国が大きくなりすぎたから、私らのような〝世界ビリのGDP体験者〟たちは、もはや落ちこぼれて、遺伝子的に使えない状況《じょうきょう》にあるわけだよ。

だから、日本がもう一回ボロボロになってから訊いてくれると、「そこからどう立ち上がるか」ぐらいは、多少、言えるかもしらんがなあ。

「日本は、こんなに成功してはいけなかった」という本音

綾織　やはり、国の発展に合わせて、政治もイノベーションをかけていかなければならなかったと思いますが、宮澤先生は、あの世に還《かえ》られた今、政治家をされていた時代を振《ふ》り返ってみて、どの時点で、どういうイノベーションをかけていけばよかったと考えておられますか。

宮澤喜一　いやあ……、戦後、成功しすぎたんじゃないかなあ。こんなに成功しちゃいけなかったんだよ。

あれだけの大戦争を起こしてねえ、太平洋戦争を起こして、日本国民を三百万は死なせたと思うが、アジア諸国も全部含めたら、二千万とも言われる人が死んだわけだからさあ、それだけの大戦争を起こした責任が、戦後何十年か残ってい

たのは、しょうがないよな。

そうした恨《うら》みのなかで成長を遂《と》げたわけだから、それに対して、「あんな悪いことをした国が、こんなに成長していいのか」という意見が、アジアの国から出てきても、しかたないよ。まあ、アジアと言っても、主として朝鮮《ちょうせん》半島や中国が多いかもしらんけれども、やっかまれ、嫉妬《しっと》され、さらに、批判を受けて当然だよな。

中国なんかも、今は経済的に成長したようだけど、「あんな悪い国である日本が、戦後、成長するなどというのはけしからん」という気持ちはあったんだよ。あんたがたは感じていなかっただろうけど、日本を、仮想敵というか、ライバルとして、実際は臥薪嘗胆《がしんしょうたん》で何十年もやっておったんだろうねえ。

それで、やっと念願が叶《かな》って、GDPで日本を引っ繰《く》り返し、次には、軍事的にも強国になって、今、日本を威圧《いあつ》しているんだろう。日本人が、それで震《ふる》え上がったりしたらすっきりして、「戦後の日本の虚妄《きょもう》の発展が、やっと日本人に自覚され始めたか。君らは発展してはいけなかったのだ」ということを教えたいんだろうなあ。向こうの気持ちとしては、分からんことはないよ。

「とりあえず謝《あやま》れば済む」と思って出しただけの宮澤談話《だんわ》

綾織　その「あんなに悪い国」とおっしゃった部分についてですが、宮澤先生は、官房《かんぼう》長官時代に、いわゆる「宮澤談話《だんわ》」というものを出されています。

当時、「日本史の教科書で、『侵略《しんりゃく》』という言葉が『進出』に書き換《か》えられた」という報道がなされて、大きな問題になり、実際は誤報だったわけですが、宮澤先生は、「今後の教科書検定に際しては、近隣《きんりん》諸国に配慮《はいりょ》する」というような談話を出されました。

その後も、首相時代には、「河野《こうの》談話」という、慰安婦《いあんふ》問題についての談話を……。

宮澤喜一　うん、よくないねえ。「宮澤談話」「河野談話」「村山《むらやま》談話」など、こういうものが、今、政権の首を締《し》めているんだね。悪いことをした。すまんかったね。

私らは、自分らの政権の安泰《あんたい》のために、「とりあえず謝《あやま》っておけば済む」ということで、やったところがあるからさ。

特に信念があって言ったことじゃなくて、ご機《き》嫌《げん》を取っただけなんだよな。「謝っておけば収まるだろう」と思って、謝っただけなんだけど、それが「歴史認識」みたいな感じになって、かえって敵に塩を送る感じになっちゃったか。すまんかったなあ。

綾織　そういう反省に立たれているわけですね。

宮澤喜一　いやあ、さっき、幸福の科学の会員になったことをばらされちゃったからさ（会場笑）。だけど、大川隆法先生は、そのころ、「歴史認識」を、まだ、はっきりと説いていなかったんだよ。

綾織　はい、はい。

宮澤喜一　だから、悪いんだよ。な？（会場笑）

綾織　そうですか？　いや、そうではないと思うのですが……。

宮澤喜一　もっと早く、立宗《りっしゅう》当時から説いておけば、私だって、それが足かせになって言えなかったかもしれないじゃない？　「こういうことは決して言ってはいけません」って、確か言っていなかったよ。

綾織　ただ、日本の神々も当会を応援《おうえん》してくださっていましたから、だいたいの感じはお分かりだったのではないでしょうか。

宮澤喜一　まあ、負けたんだから、しょうがないよ。「敗軍の将は兵を語らず」でさ。

実地にアメリカを見た人は「日本は勝てる」と思わなかった

宮澤喜一　それと、先ほどの話にあったように、私は、いちおう、日米の学生会議に出ましたけど、やはり、アメリカの発展というか、経済力や工業力等を見て、実際上、「勝てる」とは思っていませんでした。「これは必ず敗戦になる」と思っていたわけです。

私が「勝てるかもしれない」と思ったのは、ハワイの真珠湾《しんじゅわん》を攻撃《こうげき》して大勝利の一報が入り、国が沸《わ》いた一日だけです。「もしかして勝てるのかなあ」と、一日だけ思ったんですけれども、それからあとは、「勝てる」と思ったことはありませんし、その前にもありません。

やはり、アメリカとの彼我《ひが》の戦力差というか、工業力や経済的な豊かさを、実地に行って見たことがある人とない人との差は、けっこう大きかったよねえ。

山本五十六《やまもといそろく》さん（連合艦隊《かんたい》司令長官・海軍大将・元帥《げんすい》）も、「この戦争は負ける」と最初から言うていたけど、彼もアメリカに留学しているからね。アメリカの豊かさや工業力を見て、勝てるわけがないことは知っていたけども、周りを留学したことがない人ばかりに囲まれ、多勢《たぜい》に無勢《ぶぜい》で追い込《こ》まれて、戦わなければいけなくなったわけだ。

「結局は負けるけど、緒戦《しょせん》を奇襲《きしゅう》で勝つぐらいのことはできるかもしれないから、その間に和睦《わぼく》に持ち込みたい。日露《にちろ》戦争みたいに、どこか適当なところで、一、二年で和睦に持ち込んで、終われたらいいな」という考えだったんだろうと思うんだよね。

彼はハーバードに留学していたので、「これは、とても勝てん」っていうのは、もう分かっていたと思うんだけどね。

だから、留学組は分かっていたけど、まあ、そういう意味では、外国を知っていることは大事なことだな。

今の中国にだって、アメリカ留学組の人もかなりいるから、ああいう人たちは、アメリカと戦っても勝てないことは分かっているけど、留学していない人たちが

「国粋《こくすい》主義のナショナリスト」になって戦争を始めるから、気をつけないといかんね。

君、何を訊いたんだっけ？

綾織　あのー、歴史認識のところを……。

宮澤喜一　あっ、歴史認識なあ、うーん。

綾織　先ほど、宮澤談話について、「特に信念があって言ったわけではなかった」とおっしゃいましたけれども……。

宮澤喜一　ま、教科書なんて、私は見てもいないけど、「書き換えをした」と言うから、「そうかいな」と思って言うただけで、それは知らんがね。

3 「護憲派」としての弁明

若くして「日本の繁栄《はんえい》の礎《いしずえ》」を築いた宮澤氏の功績

加藤　宮澤先生、本日は本当にありがとうございます。

宮澤喜一　ああ、君も、没落《ぼつらく》の〝恩恵《おんけい》〟を受けて困っている口か。

加藤　東大法学部で、宮澤先生の四十数年後輩《こうはい》になります。

宮澤喜一　ああ……。なんか、も、も、もう、申し訳ないなあ。

加藤　はい。

宮澤喜一　なんか、私からあと、もう本当に評判を下げたねえ。それで、八つ当たりもいいところだけど、「国家公務員も、東大からの採用を減らせ」とかまでやられちゃったよな。「東大生が多すぎる」と言うて。

加藤　いや、でも、宮澤先生。今回、安倍晋太郎《あべしんたろう》さんの息子《むすこ》である晋三《しんぞう》さんが、再び総理大臣になられまして……。

宮澤喜一　うーん。珍《めずら》しいねえ。

加藤　ええ。それで、「戦後レジーム（体制）の総決算をする」ということで頑《がん》張《ば》っておられます。

宮澤喜一　うーん。

加藤　本日は、宮澤先生のほうから、戦後の自民党政治の総括《そうかつ》のようなお話を承《うけたまわ》りつつ、今後の進むべき方向についても、ぜひ、いろいろなヒントやお考えを頂きたいと思っております。

宮澤喜一　ああ……。

加藤　特に、宮澤先生は、若くして、戦後の日米関係の礎《いしずえ》であるサンフランシスコ講和条約にも、池田勇人《いけだはやと》さんの秘書官として参加されたと聞いております。
また、池田内閣の経済企画《きかく》庁長官として、「所得倍増計画」を立案されました。
このあたりは、本当に、日本の成功の部分であると思います。

宮澤喜一　早く死んどったら、本当によかった。

加藤　繁栄《はんえい》の礎を築かれた功績は、非常に大きいと思っています。

宮澤喜一　五十代ぐらいで死んでいたら、ものすごく惜《お》しまれただろうなあ。
うーん、残念だ。

高度成長期に総理になっていれば「いい名前」が遺《のこ》せた？

加藤　先ほど、「日本は成功しすぎた」とおっしゃいましたが……。

宮澤喜一　そうだよ。

加藤　やはり、「どこかで分岐点《ぶんきてん》を迎《むか》えた」ということでしょうか。

宮澤喜一　君ねえ、学校のテストで赤点を取ったらさあ、奮起せざるをえないじゃない？　奮起すると、赤点から脱出《だっしゅつ》して、成績が上がらざるをえないじゃない？　戦後の日本っていうのは、そんな状態だったんだよ。

それが、ある程度、九十点を取るようなところまで来たらさあ、それからあと、上げるのは大変だよな。まあ、そういう状態だよ。

加藤　日本が、ある意味での一つのピークを迎えたのが、幸か不幸か、宮澤先生が総理をされた一九九〇年代前半ぐらいでした。

宮澤喜一　いやあ、（総理に）なるのが、ちょっと遅《おそ》かったらしいな。みんなの意見によればね。

つまり、「中曽根《なかそね》裁定」で、竹下《たけした》さんが継《つ》ぎ、消費税を導入して退陣《たいじん》に追い込《こ》まれて、そのあとだったたからねえ。

もう少し早く、高度成長中に総理になっておれば、もうちょっと、「いい名前」が遺《のこ》せたかもしらんなあ。

加藤　「平時、乱世、大乱世」などと申しますが、高度成長期のときに、総理を務めておられたら、また違《ちが》った展開もあったのではないかと思います。

宮澤喜一　まあ、そうだよなあ。うーん……。

加藤　幸か不幸か、いちばん厳しい時代の節目である「バブル崩壊《ほうかい》」のときに、総理を務められました。

宮澤喜一　うーん。やはり、十年早ければよかったのかもしらんがなあ。

生前、「憲法改正」に考えが至らなかった理由

綾織　ただ、仮に十年早かったとしても、宮澤先生は、自民党のなかでは「護憲

派の代表」と言われていまして……。

宮澤喜一　まあ、それはそうだけども。

綾織　その時点で、憲法改正には手を付けられなかったのではないかと想像されます。

宮澤喜一　うーん……。

綾織　先ほども話が出ましたが、朝日新聞の若宮《わかみや》主筆（当時）は、論説において宮澤先生の言葉を引用され、「やはり、憲法九条は変えずに守ることが大事なのだ」ということを強調されていました。この点については、今、どのようにお考えになっているのでしょうか。

宮澤喜一　君らとは、歴史認識ならぬ時代認識が、多少違うからなあ。

私らは、君らが勉強した「日本国憲法」なるものが、まだない時代に生きていたからね。だから、「天皇制がなくなるかもしれず、皇室が生き残れるかどうか分からない」という時代に新憲法ができて、何とかそれを守っていれば、日本がよくなるかもしらんと思った。

この国が、ずーっと「占領《せんりょう》されたまま」ということもありえたわけだからね。アメリカさんの言うとおりにしなければ、そうなることもありえた。まあ、朝鮮《ちょうせん》戦争が始まって、やっと自立への道ができたころだったからね。

要するに、憲法ができていくところを見た世代であるので、それを変えるところまで考えが至らなかった面はあるわなあ。

「精神的拠《よ》り所」がなく国家全体が〝複雑骨折〟していた日本

加藤　しかし、自民党は、立党時から、「自主憲法制定」を謳《うた》う政党だったはずです。それなのに、どちらかというと、宏池会《こうちかい》を代表とする護憲派勢力が中枢《ちゅうすう》を占《し》めてきたことに、何とも言えない不思議なものを感じるのですが。

宮澤喜一　まあ、そうだなあ。

中曽根さんなんかは、タカ派で、少数派閥《はばつ》を率いてやっておられたけど、総理になったら人気が出て、五年もの長期政権をなされている。ただ、それでも憲法改正はできなかったし、「売上税」導入もできなかったんだから、実際、なかなか難しいもんだな。

「投票で縛《しば》られる」というのは、けっこう厳しいことで、国民の多数の意見が推《お》してくれないと、なかなか勝てないし、戦後、マスコミも強くなったからね。だから、「護憲派」と言っても、確かに、あるところまでは成功していたと思うんだよな。「憲法を守り、軍国主義的傾向《けいこう》を全部捨てて、経済に一本化した」という、「吉田《よしだ》ドクトリン」は、ある程度までは成功したと思うよ。

ただ、確かに、どこかで「普通《ふつう》の国」に変えるべきときはあったのかもしらんが、それをやれる人はいなかったし、逆に、安保騒動《あんぽそうどう》等もあって、憲法を変えられるような状況《じょうきょう》ではなかったね。日米安保自体を維持《いじ》できるかどうかが危ない時期ではあったからね。

つまり、精神的な拠《よ》り所がなかったんだよ。国家神道《しんとう》も崩壊したし、明治憲法もなくなったし、皇室も本当は存亡《そんぼう》の危機だったのでね。

昭和天皇が一人で、戦前と戦後を貫《つらぬ》いて生きておられて、それで国体を象徴《しょうちょう》しておられた。「敗戦」と「その後の成長」の両方を、一人で体現されていたけど、

「人間宣言」をされたりして、やはり、国家全体が〝複雑骨折〟というか、トラウマを持っているような状況だったね。

その意味で、私のように、物事を積極的に全部やることのできないような人間も出てきやすい時代だったかな。

だから、「護憲派」と言っても、それが普通であったわけで、敗戦したにもかかわらず、また元に戻《もど》そうというのは、よほど記憶《きおく》の短い人というか、〝ご機嫌《きげん》〟に生まれついた人だわな。

また、もう忘れられているだろうけど、東西冷戦もあったしね。ソ連や中国と、アメリカとの冷戦が続いていて、もし戦争になったときには、日本はアメリカの盾《たて》代わりに使われるような立場にもあったしなあ。

だから、護憲と言いつつ、「攻《せ》めないでくれ」「攻撃《こうげき》しないでくれ」というようなところもあったのかもしらんねえ。

憲法改正についての利益衡量《こうりょう》が必要な時期に入った

綾織　お話を伺《うかが》っていて、お亡《な》くなりになってから、かなり、ご自身の仕事の総括を終えられているような印象を受けました。

今、安倍首相が、憲法改正要件を一部だけ変えようとしていますが、もし宮澤先生が、今の時点で政治家として活躍《かつやく》されるとしたら、「憲法を変える」という問題については、どのようにされるでしょうか。

宮澤喜一　まあ、いずれにしても難しいね。だいぶ時代は変わってきたし、私がやっていたころには、アメリカの衰退《すいたい》なんていうのは、ちょっと考えられないことだったからねえ。

「アメリカが衰退し始めてきている」ということと、「中国がここまで巨大《きょだい》化して、人口も経済も大きくなり、アメリカと覇権《はけん》争いに入るところまで来る」ということは、ちょっと予想できなかった。

だから、認識の前提がかなり違うよね。

加藤　今、わが国を取り巻く国際情勢は本当に厳しくなっておりまして、私ども幸福実現党も、「憲法改正なくして、この国は生き残れない」と、強く考えています。

もし、宮澤先生が現在、ご存命でありましたら、憲法改正について、どのような発言をされるでしょうか。

宮澤喜一　（舌打ち）何とも言えないねえ。

今、「日本固有の領土」と言っている尖閣《せんかく》あたりを国有化しただけで、中国は開戦ムードでいっぱいになっている状態だ。これで、もし安倍さんが憲法改正に手を付けて、自衛隊を「国防軍」というような感じで軍隊として位置づけたりしたら、火に油を注ぐだろうから、この前の抗日《こうにち》デモが、十倍、百倍になって起きると予想される。

そういうなかで、それでも押《お》し通せるかどうかは、何とも言えないねえ。

中国が、国際世論《せろん》に包囲されて孤立《こりつ》し、内部的に変わっていくか。

それとも、日本が、あまりの反作用の大きさに、経済取引の利を失うことを恐《おそ》れて引っ込めていくか。安倍さんを降ろしたほうが有利だと思うか。

このへんが、マスコミも含《ふく》めて、国民として利益衡量《こうりょう》をする時期に入るわねえ。

ああ、難しい。

4 「歴史認識」にまつわる諸問題

オバマはアジアでの戦争を抑制《よくせい》する「融和策《ゆうわ》」をとるだろう

加藤　ただ、昨年十二月に衆議院選挙がございましたが、そのときに当選した新しい衆議院議員のうち、「どちらかというと」という人も含《ふく》めると、三分の二ぐらいが、「そろそろ憲法九条の改正が必要ではないか」と考えています。

宮澤喜一　うーん。

加藤　今、かなり、そういう空気になってきておりまして、憲法を本当に改正できる気運が醸成《じょうせい》されてきつつあります。こうした今の日本について、どのようにご覧になっておられますか。

宮澤喜一　いやあ、複雑だよ。

先ほど、大川総裁のほうからもご案内があったように、アメリカは、まだイスラム圏《けん》のテロとの戦いを続けているし、シリアやイランに軍事介入《かいにゅう》するかどうかの問題を抱《かか》えているなか、「アジアのほうで戦争状態が起きたときに、どの程度、それで消耗《しょうもう》するか」という計算をしなきゃいけませんからねえ。

財政的に逼迫《ひっぱく》している状態は一緒《いっしょ》だと思いますけども、「中国との戦いになった場合、どの程度の被害《ひがい》想定が立つか」ということですね。

まあ、向こうが〝大人〟だったら、ちょっとしたもので終わるかもしれないけども、〝大人〟でなかった場合は、かなり行くだろうねえ。

ベトナム戦争で、アメリカ人は五万人余り死んでいますけど、中国と戦ったら五万では済まないかもしれませんからねえ。

あそこ（アメリカ）は、けっこう被害想定から考えますので、もし、日本や韓《かん》国《こく》、北朝鮮《きたちょうせん》、中国を巻き込《こ》んで、アジアで戦争が起き、少なくとも百万人単位の死者が出るような大きな戦争になるとしたら、やはり抑制《よくせい》をかけてくるだろうという感じがするね。

だから、日本に、「あまり暴発しないように、極右化しないように」と言ってきつつ、中国にも牽制《けんせい》をかけるような感じの融和《ゆうわ》策をオバマ政権がとるのは、ほぼ間違《まちが》いないでしょうな。

現実に、三億人国家のアメリカが、十三億人国家の中国と、経済的に追いつかれつつあるなかで戦いを始めても、これは終わりのない戦いになります。中国との戦いを終わらせようとしたら、アメリカは、日本が先の戦争でやったのと同じことをやらざるをえなくなりますね。

つまり、中国全土を侵略《しんりゃく》しなきゃいけない。しかし、アメリカが軍隊を送って中国全土を支配するのは大変なことです。ものすごい数の陸軍が必要になりますね。

もし、陸軍を使わないでやるとしたら、あとは〝飛び道具〟を使うしかないので、ミサイルなどを撃《う》ち込むことになりますけども、そうすると、その被害や死者の数はものすごいものになるでしょうねえ。

アメリカが「南京《ナンキン》事件」や「従軍《じゅうぐん》慰《い》安婦《あんふ》」を支持したがる理由

宮澤喜一　そもそも、アメリカが、中国や韓国の歴史認識みたいなものに比較《ひかく》的理解を示すふりをしたりする理由は、その源流に、広島・長崎《ながさき》への原爆《げんばく》投下があると思うんだよ。広島・長崎では二十万以上が死んでいるから、やはり、投下した理由が必要だわね。

投下した理由としては、やはり、「日本はファシズム国家であった」という歴史認識にしておかねばならんし、ファシズム国家である以上、ヒトラーなんかに似ていなきゃいけないことになる。

そういう理由が欲《ほ》しいから、アイリス・チャンが書いた『ザ・レイプ・オブ・南京《ナンキン》』か？　その本には、「南京で、いろいろと悲惨《ひさん》な事件等があり、虐殺《ぎゃくさつ》もあって、三十万人が死んだ」などと書いてあるけど、これは、原爆で日本人が二十万人以上死んだので、それより多く日本人が殺していなきゃいけないからだ。そのために、「三十万」という数字が出回っている。

アメリカでも、まだ、その南京事件や、それから従軍慰安婦《じゅうぐんいあんふ》の問題などを信じたがっている人が多い。もし、そうであってくれたら、日本に原爆を落として、日本国民を二十万人以上殺したことや、東京大空襲《だいくうしゅう》で、一晩で十万人以上を焼き殺したことについての説明がつくよね。

例えば、原爆で二十万、東京空襲で十万が死んだとしたら、合わせて三十万。これくらいで釣《つ》り合うからね。

「日本が卑劣《ひれつ》で凶暴《きょうぼう》な国家だったために、アメリカはやむなく戦ったんだ」ということで、いわゆるジハード（聖戦《せいせん》）に切り替《か》えたいから、アメリカのなかにも、中国や韓国、北朝鮮なんかが言っている歴史認識と同じ認識を持ちたがっている勢力が、けっこうあることはある。

「戦後、（日米が）仲良くしたことは結構だけど、あの戦争は間違っていない。アメリカが日本を攻撃《こうげき》して潰《つぶ》したこと自体は、間違っていないんだ」という認識だね。

ただ、マッカーサーは、戦後、意見を変えましたけどね。彼は、朝鮮戦争が起きてから、「日本の戦争は防衛戦だったのだ」というようなことを言って、意見を変えたけども、アメリカとしては、それを認めるわけにはいかない。「日本は防衛戦争として戦った」というんだったら、アメリカの日本に対する攻撃に正当性がまったくなくなっちゃうよな。

「あくまでもヒトラーの仲間であってほしかった」というところはあるからさ。歴史認識のところで、中国や韓国がいろいろと言ってきても、アメリカのほうは、せいぜいなかを取るぐらいのことはできるけども、「彼らが完全に嘘《うそ》つきで、日本のほうが正しい」ということは、日米同盟があっても、そう簡単には言い切れないところがあると思うよ。

日本の〝イラン化〟を警戒《けいかい》するアメリカ

綾織　日本としては、今後、国の守りを固めていくに当たって、やはり歴史認識の問題を乗り越《こ》えないといけないと思うのですが、何か、よいアイデアはないでしょうか。

宮澤喜一　まあ、こちらから積極的に仕掛《しか》けていく場合、たぶん、反作用は十倍ぐらいあるだろうねえ。

本当は、中国のほうが覇権《はけん》主義をやっていて、それを、アジアの国々が警戒《けいかい》しているのは当然のことなんだけども、「日本が、また『アジアの盟主』になるべく、軍事を中心として復興してくる。力をつけてくる」ということになりますと、もちろん、中国や韓国も警戒してくるし、アメリカ自身も警戒するよな。

要するに、「日本を、アメリカに依存《いぞん》しなきゃいけないような状況《じょうきょう》に置いておきたい」という気持ちを持っておるから、アメリカが経済的にちょっと弱り、軍事力でそれほど戦えないからといって、「日本でやってくれ。はい、どうぞ」と言うわけにはいかないし、自分らの国が、そんなに弱っていることを認めたくないところもある。やはり、演説の国なので、弁舌《べんぜつ》でもって、そのへんを上手に説明し、切り抜《ぬ》けたいだろうな。

だから、現実には、現状維持《いじ》で引っ張っていこうとするだろうと思う。まあ、「どこかで、日本が〝イラン化〟してくる可能性は高い」と見ているとは思うけど、できるだけ延ばしたいでしょうなあ。

全部が戦後派世代になったら「考え方」は変わってくる

加藤　しかし、宮澤先生が官房《かんぼう》長官時代に出された「宮澤談話《だんわ》」や、宮澤内閣のときの河野《こうの》官房長官の「河野談話」、まあ、「村山《むらやま》談話」についてはご直接のご責任はないかもしれませんが、このあたりが、日本の自虐史観を加速させつつ、近隣《きんりん》諸国から攻め入《せ》られる大きな原因になっているのは事実です。

今、安倍《あべ》新総理は、これらを見直す方向で頑張《がんば》っているようですので、このあたりについて、安倍さんに対してでも、国民に対してでも結構ですから、何かメッセージを頂けないでしょうか。

宮澤喜一　安倍さんも戦後派世代だから、彼自身は、直接の戦争責任を持っていないが、私ら戦中派は、やはり、「責任がある」というふうに感じるからね。

戦後の人たちが、今、多くなってきているから、だんだん忘れられていって当然なのかなとは思うけども、「二千万人ぐらいの人が死んだ戦争を起こした」という責任というか、「なぜ、それを止められなかったのか」というところについて、戦中・戦前派の人たちには、みな、感じるものが戦後ずっとあったからねえ。

だから、「その第一防波堤《ぼうはてい》は、軍国主義化しないことだろうし、あるいは、護憲派として、『憲法を守る』ということを言い続けることで、そういうふうにならずに済む」と考えたわけだが、これは、やはり加害者意識かなあ。被害も受けたけど、「加害者は自分たちだったかもしらん」という反省・懺悔《ざんげ》から、戦後は始まっているからね。

まあ、それを全部切って捨てることができるのは、戦後派世代だよね。戦後派が全部になってきたら、そらあ、考え方は変わってくるだろうと思うけどねえ。

うーん……。

加藤　しかし、そのあたりの談話が、これから日本国が生き残っていく上での大きな阻害《そがい》要因になっています。はっきり申し上げまして、たいへんな悪影響《あくえいきょう》を残しているのは事実です。

宮澤喜一　うーん。それで、「安倍談話」を出そうとしているんだろうけど……。

でも、まあ、安倍政権は、出発点はタカ派で、戦後レジームの大転換《だいてんかん》をやろうとしているんだろうけど、参院選もあることだし、結局、トーンはだいぶ落ちてくるだろうねえ。「それ（タカ派色）が強く出てくると負けるかもしれない」というか、マスコミの叩《たた》き方がきつくなってくるから、「安倍談話」でもって、前の三つの談話を全部潰してしまうのは、どうなんだろうね。

「南京大虐殺《ナンキンだいぎゃくさつ》」や「従軍慰安婦《じゅうぐんいあんふ》」に対する宮澤元総理の見解

加藤　宮澤先生は、南京大虐殺《ナンキンだいぎゃくさつ》については、どのように見ていらっしゃいますか。

宮澤喜一　南京大虐殺ねえ。まあ……。

加藤　「あった」とお考えでしょうか。

宮澤喜一　「あれだけ戦争をやって負けたら、もう、何を言われてもしかたがない」という感じだったねえ。もう、言い放題……。

加藤　従軍慰安婦《じゅうぐんいあんふ》についてはいかがですか。

宮澤喜一　それは嫌《いや》なテーマだね。はっきり言ってね。

これは、もう大人の世界としては、どこの国も、軍隊を抱えていれば、みな持っている問題だから、本当は表に出して議論するような問題ではないんだよな。

米軍だって、今は、いっぱい問題を起こしているのを報道されているんだろう？　ちょっとした二、三人の事件でもね。

まあ、軍隊があるところでは、要するに、体格のいい人たちが禁欲させられているから、そらあ、女性絡《がら》みの問題は多発するわねえ。

それを放置したら、どうするか。

やはり、「攻め込んだ軍隊が、その国の国民の女子供《おんなこども》に手を出す」というのは、昔から、歴史的にも普通《ふつう》にあることだからねえ。

そういうことを起こさないようにしようとしたら、何らかの予防措置《そち》を取らなきゃいけなくなるから、それを、国がやったか、業者がやったかは知らんけれども、「兵隊たちが欲求不満で発狂《はっきょう》しないようにするシステムを、何《なん》か考えていた」という国のほうが本当は近代的で、やらなかったところのほうが、実は、被害国にとっては被害が甚大《じんだい》だっただろうと思うけどね。うーん。

5 「強いリーダー」の下《もと》で日本は変われるか

皇室の伝統を守り、経済成長したのは一定の成果

加藤　本日、せっかくお出《い》でいただいた宮澤先生に対して、失礼かもしれないのですが、お話を伺《うかが》っておりますと、何事においても、「しかたがないのではないか」というようなニュアンスが伝わってきて、何とも言えないものを感じております。

私は、やはり、「政治家の使命は、国家・国民の平和と安全を守り、その末永い繁栄《はんえい》を実現していくことだ」と思うのです。

今、日本の国は本当に危機に直面していますが、これを何とか乗り越《こ》えて、未

来を拓《ひら》くために、元総理であられる宮澤先生から、もう少し力強いお言葉と申しますか……。

宮澤喜一　いや、私は力強くないので……。

加藤　「日本よ、若い世代よ、頑張《がんば》れ！」というようなお言葉を頂きたいと思っているのですが。

宮澤喜一　力強くない人に「力強い言葉を出せ！」と言うのは、無理な話だよ。君、無茶を言ったらいかんよ。

昭和天皇を死刑《しけい》にされずに戦後体制をつくったのは大変なことだったし、それを今上《きんじょう》天皇にバトンタッチできただけでも、そうとう抵抗《ていこう》したんだよ。これでも、そうとう頑張って、日本の国体を維持《いじ》したほうで、その間、いろいろと〝ボディーブロー〟を打ち込《こ》まれたのは、多少しょうがない。

ただ、いちおう、皇室の伝統は守れたからさ。

悪口を言われたり、獣扱《けだものあつか》いされたり、いろいろなことを言われながらも、我《が》慢《まん》に我慢を重ねて、平和国家の道を歩んできた。そういう悪口は、もう聞きなれるほど聞いてきたけど、いちおう皇室は残せたし、日本も、ある程度、経済成長をしたしね。

まだ、政治的に、イニシアチブをとれないところが、あなたがた若い人から見れば悔《くや》しいだろうけども、まだ戦前の日本のことを覚えている人がだいぶいるのでね。だから、戦中派、戦前派がいなくなれば、完全に変わるのかもしらん。

「もともと評論家で宰相《さいしょう》には向いていない」との自己分析《ぶんせき》

加藤　しかし、同じく、戦前・戦中を経験された方として、例えば、中曽根《なかそね》元首相がおられます。

宮澤喜一　いやあ、まだ元気で頑張っていらっしゃるので……。

加藤　今もご健在であり、改憲のために頑張っておられます。

宮澤喜一　その人は化け物《もん》だなあ。もう、九十五にもなるんじゃないのかね？

加藤　同じく戦中の悲惨《ひさん》な経験をされたとしても、やはり、人によって考え方は違《ちが》うものなのでしょうか。

宮澤喜一　うーん。まあ、中曽根さんか……。

まあ、あんたがたは得意なんだから、ご守護霊《しゅごれい》をお呼びになって、すごく強硬《きょうこう》なことをおっしゃるかどうか、訊《き》いてみたらいい。

そらあ、その人の性格にもよるわねえ。つまり、「強気か、強気でないか」っていう、その人の性格にもよる。

私は、多少シニカルで冷笑家なもんだから、本当は、一国の宰相《さいしょう》なんか、あんまり向いてないんだよ。もともと評論家よ。ね？　評論家向きなんだよ。たまたま、なっちゃった。

加藤　政治家になられたのは、「お父様をはじめ、代々、政治家だったから」というぐらいの理由なのでしょうか。

宮澤喜一　ええ？　うん。まあ、政治家の家系でもあったし、引きもあったから、なったんだけど、だいたい、こんな他人事《ひとごと》みたいに物事を言うような人は、政治家になっちゃあいけない（会場笑）。本当はいけないんだよ。他人事みたいなことを言う人が総理をやったら、〝他人事国家〟になっちゃうわなあ。選ぶのを間違えたんだろう。うーん。

若宮《わかみや》氏の退職は「朝日新聞・東大政治学」崩壊《ほうかい》の象徴《しょうちょう》？

綾織　そうは言いましても、先ほど話が出ましたように、朝日新聞は、今も宮澤先生を非常に意識しております。ただ、その朝日新聞も、社論としては、今、非常に揺《ゆ》れているようです。

そこで、朝日新聞が、今後、日本の言論のなかで正しい役割を果たしていくに当たって、「やはり、こういう方向に行くべきではないか」というような提言なり、アドバイスなりを、宮澤先生から頂けないでしょうか。

宮澤喜一　危機は感じていると思うよ。朝日も、実は、東大閥《ばつ》が強くて、東大の政治学の影響《えいきょう》をそうとう受けていますよね。だから、その学問的な支配下にあったと思うし、東大の政治学のほうも、平和主義で、冷戦時代には、「バランス・オブ・パワー（勢力均衡《きんこう》）で、実際に戦わずに、何もしないでいく」というような考えでやっとったと思う。護憲派がだいたい主流だったからね。

つまり、朝日自身の〝遺伝子〟は、戦後の憲法解釈《かいしゃく》から政治をつくってきた体制と一体化しているので、それ（朝日）が崩《くず》れるときには、あそこ（東大の政治学）も崩れてくることになるだろうね。

だから、若宮《わかみや》君が明日付で去るのは、一つの象徴《しょうちょう》的なことではあろうねえ。

中国はまもなく内部崩壊《ほうかい》し、共産主義の実態が明るみになる

宮澤喜一　彼と同じく、私も（東大）法学部の政治学科だし、大川さんもそうなんだろうけどさ。

このへんで、戦後、「平和国家こそが素晴《すば》らしい」と唱えていた古い世代の先生がたに教わった人たちが、それを、そのまま「正しい。問題がない」と奉《ほう》じてやっていたのが、朝日・岩波全盛の時代だったと思う。

だけど、安保闘争《あんぽとうそう》あたりで、まず一つ、味噌《みそ》を付け、次は、ソ連邦《れんぽう》が崩壊《ほうかい》して、なかがあんなにひどかったのを見て、びっくりした。

今は、中国が拡大しているので、まだ中国に望みを託《たく》し、「中国が成功してい

るから、社会主義的な考え方は間違っていないんだ」と言うようなところがあるけど、そのうちに中国も〝内臓〟が出てくるような状態になるだろう。「社会主義というか共産主義の理想は、現実には、こんなものだったのか」という衝撃《しょうげき》を、まもなく、あんたがたは〝見る〟だろうと思うよ。

私は、「中国は内部崩壊する」と思うよ。絶対すると思う。あそこまで膨張《ぼうちょう》したら、〝お腹《なか》〟が裂《さ》けて、〝なか〟が出てくると思う。あなたがたが〝なか〟を見てみたら、「これほどひどいのか」と思うほど、ひどいと思う。

上層部は腐敗《ふはい》の極《きわ》みだろうし、下のほうの人は、ものすごく虐《しいた》げられていて、共産主義の理想なんかとは、ほど遠い状況《じょうきょう》だろうね。

「強いリーダー」は、すでに日本に出てきている

宮澤喜一　（中国は今）そういうところにあって、国論を統制している。

例えば、この前の衆院選か？　先の衆議院選で、日本共産党と社民党で当選したのは、合計したって十人ぐらいしかいないと思うけど、中国のマスコミは、「日本には平和勢力が十人ぐらいしかいない」などと言っていた。彼らは、共産党系を平和勢力と呼んでいる。まあ、「共産党にとっての平和勢力」ということだけどね。

要するに、今、「日本は危険な軍国主義に走っている」と宣伝しているんだろうけど、まあ、「中国が内部崩壊していく流れ」と、「日本が変化していく流れ」と、「アメリカの立ち位置が変わっていく流れ」との兼《か》ね合いだな。

（日本に）強いリーダーが出てくるか。つまり、強いリーダーが出てくることを、中国も望まない、韓国《かんこく》も望まない、アメリカも望まないなかで、日本が強いリーダーの指導の下《もと》に変われるかどうか。あるいは、変わらないままで漂《ただよ》っていくか。まあ、このへんが賭《か》けだわね。

だけど、強いリーダーは、もう、本当は出てきているんじゃないかね。あんたがたが、本当は、強いリーダーになっているんじゃないか。

「批判を受けても平気」「選挙で落ちても平気」というのは、けっこう強いね。

綾織　（苦笑）必ずしも平気ではないのですが。

宮澤喜一　いやあ、落ちるのを目的に戦っているなんて、すごいじゃないですか。私らには無理ですよ。猿《さる》も木から落ちたら、もう駄目《だめ》ですからねえ。

6 「失われた二十年」の責任

高度成長したものの、アメリカを抜《ぬ》くのが怖《こわ》かった日本

綾織 「戦後の自民党政治の総括《そうかつ》」という点では、もう一つ、経済の問題があると思います。

宮澤先生の首相時代に、バブル崩壊《ほうかい》が起きて、それ以降、「失われた二十年」ということで、経済の低迷が今も続いているような状況《じょうきょう》です。

宮澤先生は、生前、「バブルをつくってしまった責任」という言い方をされていました。それを聞いて私は、「バブルができたこと自体が悪くて、バブルを潰《つぶ》したことについては、あまり問題意識を持たれていなかったのかな」という印象

を受けたのですが、今は、もしかしたら、お考えが変わっていらっしゃるのでしょうか。

宮澤喜一　うーん。いやあ、でもねえ、一時代というか、同じ人間が生きている間に、国が荒廃《こうはい》から立ち直ったわけだけど、戦後の闇《やみ》経済の時代を知っている人間としては、そんな巨大《きょだい》な経済を持つこと自体が怖《こわ》かったね。ある意味では怖かった。

何て言うのか、子供が、ものすごく大きな荷物を持っているような状態に見えたかなあ。本当は、もうちょっと中程度の規模の国家のほうが運営はしやすいから、怖かったし、あれは、アメリカを侵《おか》し始めた時代だったよね。ソニーさんが、アメリカの映画関連会社を買ったりするなど、いろいろと進出し始めていて、アメリカから反撃《はんげき》が来ていた時代だよな。

アメリカを抜《ぬ》くのは怖かったし、「追いつけ、追い越《こ》せ」で頑張《がんば》っていたんだけど、追いついてきたときに、「次に何をするか」ということが、やはり分からなかった。そういうところがあるわねえ。

加藤　大川隆法総裁も、バブル崩壊に関しまして、「日本人の集団心理として、アメリカを抜くのが怖かったのではないか」と、ずばり指摘《してき》されています（『奇《き》跡《せき》の法』〔幸福の科学出版刊〕第2章参照）。

やはり、そういうことなのでございましょうか。

宮澤喜一　まあ、そうなんじゃない？　そうなんじゃないの？　うーん。それはそうだと思うよ。

だって、あのとき、東京の土地の地価で、アメリカ全体が買えたんだろう？

さすがにおそれ多かったわね。そう思わない？

「『これは異常だ』と思ったのが、異常だ」と言われるのは厳しいが、「東京都内の土地だけで、アメリカが全部買えちゃう」なんていうのは、ちょっと、さすがにね。

「そんなに日本は高度に成長したか」と言われたら、まだ、アメリカのほうが、やはり隆々《りゅうりゅう》としていたように見えたよね。

「土地暴落で実質上の資産は増えた」という論理は通るのか

加藤　失礼ですが、当時、宮澤内閣には、「資産倍増計画」がございましたね？

宮澤喜一　ああ、それは失敗したね。

加藤　やはり失敗だったのでしょうか。

宮澤喜一　まあ、「所得倍増（計画）」をまねしてやったんだけどね。結局、「土地が暴落して、家を安く建てられるようになった」ということで、その意味では、「実質上の資産は増えた」と（笑）。駄目《だめ》かな？　この論理は通らんかなあ。アハハハ……。

加藤　このあたりも、大川隆法総裁は、ずばり指摘されています（『常勝の法』〔幸福の科学出版刊〕第4章参照）。やはり、そういうことだったわけですよね？

宮澤喜一　でも、高かったよ。東京の土地は、すごく高かったしさあ、八九年ぐらいから崩《くず》れてきたと思うけども、九〇年ごろには、「すでに経済は底を打った」

という認識がけっこうあって、「今は不動産の買いどきです」と言っていましたよね。

「金融《きんゆう》経済」が理解できなかった宮澤元総理

加藤　しかし、結果的には、「失われた二十数年」になっているわけです。

宮澤喜一　うーん、そこの責任かあ。

加藤　そのあたりについては、当時、どの程度、認識なさっていたのですか。

宮澤喜一　あのねえ、今、政治家は、国から給料をもらっているサラリーマンの親戚《しんせき》みたいなものだから、分からないんだよ。それに関しては、よく分からないところがあったけど、「なんか、おかしい」という感じだけはあった。土地がいくらでも値上がりするのでね。

銀行のほうにも、本当は頭のいい人がいっぱい就職しているはずなんだけど、「土地の担保さえあれば、いくらでも貸しますが、土地以外では貸しません」みたいな状態だったじゃないか。

「土地だけは減りません。これは希少価値ですから、土地を買うなら、いくらでも出します」ということで、要《い》りもしないのに土地を買ったりする人が多かったし、マンションなんかも高騰《こうとう》するのが分かっているから、それを買っては、一年後に売って利益をあげる〝転がし〟が流行《はや》っていて、そんなもので、あぶく銭《ぜに》を稼《かせ》ぐ人が増えたよね。

それで、「倫理《りんり》上、これには問題があるんじゃないか」という意見が出て、ワアワアとうるさくなった。

今の中国がそうだよね。それをやっている人が大勢いる。土地やマンション、あるいは、中国産の璧《へき》という宝玉《ほうぎょく》みたいなものの値上がりを見込《こ》んで利益をあげようとする人がいるけど、今、崩壊に入りかかっているから、みんな、厳しい目に遭《あ》うだろうね。

要するに、実体経済として成長するのはいいんだけど、そういう、何て言うか、技術だけで儲《もう》かるような時代というのは、われわれにとっては、ちょっと実感がなかったなあ。

戦後の闇市《やみいち》から、やがてスーパーができて、ものが普及《ふきゅう》してくるのを経験してきた者、あるいは、ものづくりをやってきて、「工学部出身なら嫁《よめ》さんが来る」みたいな時代を経験した人間にとっては、右から左に何かを操作するだけで巨大な利益を得られる時代というのは、ちょっと理解ができなかった。

アメリカは、それより先に行っちゃったけどね。もっともっと行っちゃったけど、われわれには、ちょっと……。

生前、「いつ経済がパンクするか」という恐怖《きょうふ》と闘《たたか》っていた

加藤　しかし、宮澤先生、「失われた二十数年」というのは、やはり、あまりにも長いトンネルでして……。

宮澤喜一　いやあ、君、何回も言うなあ（会場笑）。

加藤　申し訳ございません（笑）。

私《わたくし》ども幸福実現党も、二十数年のうちの三年間につきましては民主党の責任だと思うのですが、それ以外の部分に関しては、やはり自民党の責任も大きいと考えています。

もう過ぎたことではありますが、「自民党には、経済対策でも国防面でも、もっとしっかりしていただきたかったな」という思いを禁じえないのですが、いかがでございましょうか。

宮澤喜一　私は、もう、何とも言えないんだけどねえ。

ダルマ宰相《さいしょう》（高橋是清《たかはしこれきよ》）のころ、国家予算は、まだ数億円ぐらいだったけど、今は、百兆円規模になっている。ものすごい膨《ふく》らみ方だよね。

これは、同時代を生きてきた者にとっては、本当に信じられないような膨らみ方なので、「いつパンクするか」というか、「（イソップ物語の）牛と競争するカエルみたいに、お腹《なか》を膨らませて、いつパーンと行くか分からない」というような恐怖《きょうふ》と闘《たたか》ってはいたね。

そのように経済的にバブル化するなかで、軍事的にもバブル化し、「また中国と一戦を交えるか」というような勇ましいところまでできるかと言えば、「早くあの世に還《かえ》っといてよかったなあ」というのが、私の結論になるねえ。そんなことには、もう、かかわりたくはないなあ。君、「すべては空《むな》しい」んだよ（会場笑）。

日本がアメリカを超《こ》えるには、本当は何が必要か

綾織　（苦笑）まあ、評論家的な立場でも結構なんですけれども……。

確かに、「アメリカを超《こ》える」というのは怖いことだとは思うのですが、その一方で、アメリカが徐々《じょじょ》に没落《ぼつらく》し、凋落《ちょうらく》していく流れもありますから、日本は、どこかの時点で、両足でしっかりと立ち、国の守りや経済の部分を立て直していく必要があると思うのです。

「アメリカを超える恐怖」を乗り越えるには、何が必要なのか、ご自身がかか

わらなくても結構ですので、お教えいただけないでしょうか。

宮澤喜一　やはり、公務員や官僚《かんりょう》、まあ、政治家もそうかもしらんけども、「公務員系が、株だとか、二〇〇〇年以降のニュービジネス系の急発展するようなものだとかを理解できない」というのが大きいと思うんだよね。

アメリカなんかには、幻想《げんそう》の世界というか、バーチャルリアリティーの世界で金儲けをする人が出てきているわけだけども、どうしても、そのへんを理解できないところがあると思うんだよ。

まだ、「書類仕事をして、給料をもらっている」という感触《かんしょく》が強く、「空想の世界のなかで操作しているだけで、お金が儲かる」というような時代が理解できていない感じがする。

ただ、それも本当は、一切《いっさい》が空しいものかもしれない。「あるときは大金持ちになり、あるときは一文無《いちもんな》しになる」というふうな時代になるからね。

だから、日本人的には、どうしても、「農作物から工業製品まで、実際にものをつくって、それをお金に換《か》える」という発想から抜けられない。それが日本人だね。

一方、アメリカ人は、それがかなり抜けてきて、ものをつくらないで儲ける方法を一生懸命《いっしょうけんめい》やっているし、シンガポールや香港《ホンコン》にも、今、そんな傾向《けいこう》が出てきつつあるんだろうと思う。けれども、これが本当に長続きするかどうか、まだ分からないところがあるのでね。

7 「アベノミクス」と経済の未来

「日銀による社会主義的な経済」は時代遅《おく》れだ

加藤　現在、安倍《あべ》首相は、「アベノミクス」ということで、大胆《だいたん》な金融緩和《きんゆうかんわ》と積極的な財政出動を行い……。

宮澤喜一　（笑）「アベノミクス」ねえ、よく付けたな。

加藤　また、成長戦略も描《えが》いて、「三本の矢」と言っておりますが、このへんについては、どのようにお考えですか。

宮澤喜一　まあ、詳《くわ》しくは知らんけどね。私は、あの世の人だから、そんなもの、知らないけどさ。「アノヨミクス」ぐらいの感じだろうか（会場笑）。「アベノミクス」は知らないけど、好きなようにやられたらよろしいのかとは思うけど……。

まあ、どうだろうね。一部、解決しなきゃいけない問題はあるだろうとは思うんだよね。つまり、通貨の供給と金利政策のところを日銀が持っているけども、このへんの「日銀の独立性」のところが、一種の社会主義的な経済になっているからね。これが、たぶん、時代遅《おく》れになっていると思うんだよな。

日銀が「公定歩合《ぶあい》」を操作したり、通貨の供給量を操作したりすることで、経済全部を動かせる」と思っているあたりは、たぶん、一元支配できる社会主義経済の名残《なごり》だと思うんだよね。

これが崩《くず》されかかってきているんだろうけども、現実はそうだろうね。やはり、民意を反映しないで、自分たちの官僚《かんりょう》的な発想だけでやるところがあるから、このところは問題としてあるだろうな。

政治家のほうは、いろいろなところで要請《ようせい》を聴《き》いているから、積極財政型でやらないと済まないところがどうしてもあるけど、日銀が言うことをきかないので、統一できない。そういう問題はあるだろうねえ。

「財政赤字覚悟《かくご》の軍拡」でソ連を破綻《はたん》させたレーガン大統領

宮澤喜一　それから、財務省が、「国の財政赤字が大きい」と言うておるんだろうし、まあ、私のあたりから大きくなったという話もありますけども、ここの考え方も、とても難しいわね。これは価値観の問題だからね。
アメリカも、レーガン大統領のときには、財政赤字がすごく、貿易赤字も出して、「双子《ふたご》の赤字」がものすごく大きかったけども、財政赤字をつくってでも、ソ連との軍拡競争をやって、ソ連を潰《つぶ》してしまったからね。

ソ連は、アメリカと軍事競争をやり、「これ以上は、もう無理だ」ということで、実際上、戦わないうちに、国家が破綻《はたん》してしまった。アメリカが、〝宇宙戦争〟まで視野に入れてきて、宇宙から攻撃《こうげき》する計画までやり始めたところで、ソ連はパンクしてしまった。要するに、民《たみ》が食っていけない状況《じょうきょう》になって、〝北朝《きたちょう》鮮《せん》化〟してきたわけだね。それで、パンクさせた。

そういう意味で、私なんかは、あまり理解はできないんだけど、レーガン大統領を「天才だ」と言う人もいることはいるわな。つまり、「借金は、小さいと取り立て人に追いまくられて大変だけど、大きすぎると開き直って、すごい圧力になる」という感じかねえ。

「借金の力」で敵国を潰《つぶ》すだけの肚《はら》がない日本人

宮澤喜一　「借金の力で敵国を潰《つぶ》してしまう」というのは、すごい戦略だねえ。だけど、日本人には、まだ、それだけの肚《はら》がないんだろうと思うのね。

本当に中国を潰してやりたかったらさあ。アメリカの「レーガノミクス」のように、「ものすごい巨大《きょだい》借金をこしらえてでも中国の軍拡をぶっ潰し、向こうが破裂《はれつ》したら終わってしまう」と考えるような勇気のある人がいればできるかもしらんけれども、「ちょっとした借金が増えている」などとチマチマしたことを言っているうちは、そういうふうにはならないだろうね。

軍事は、なかなか費用はかかるけども、実際上、それだけでは儲《もう》からないからね。中国は資源を取るために、軍拡をやっているんだろうが、「一人っ子政策」を長くやっているようだから、もうすぐ、あそこも「老人大国」になって、老人を養えなくなる。

だから、老人を早く殺したくて戦争をしたがる可能性はあるかもしれないね。「早く殺してくれ！」と言うて、老兵ばかりを前に出してくる国になるかもしれませんねえ。

このへんについては難しい。この国（日本）が、どのくらいの借金に耐《た》えられるか、私には予想がつかない。

「次の経済学」を開くのは信用経済を超《こ》えた理論をつくれる人

宮澤喜一　例えば、金や銀が掘《ほ》れたときには、それが富の源泉になって貿易が起き、経済が大きくなってきたし、金や銀がなくても、次には、国家の信用に基《もと》づく通貨として紙幣《しへい》・ペーパーマネーが出て、さらに電子マネーの時代になって、信用経済になってきたね。

ところが、「借金先行型（経済）になる」ということは、要するに、信用経済を超《こ》えた経済学だろう。

信用経済というのは、国家がきちんと担保しているというか、「経済的破綻についていては、国家が防波堤《ぼうはてい》になっているから信じろ」というものだね。紙幣・ペーパーマネーにしても、「不換《ふかん》紙幣だが信じろ」ということだし、電子マネーも、そうだろう。

次は、「この信用経済を超えた経済学ができるかどうか」ということだろう？　つまり、「未来経済として、『担保になるもの』や『元手になるもの』の信用を超えた経済学が成り立つかどうか」というところに、今、入っているんだと思うんだよ。

これを理論的につくれる人が、ケインズやハイエクを超えて、「次の経済学」を開く人だろうと思うけどね。

綾織　このあたりの考え方は、幸福実現党の経済政策のなかにも取り入れられておりますが、世の中には、あまり理解されていない部分かと思います。

8　幸福実現党に見る「政治本来の姿」

宗教の機能である「弱者救済」を政治が行っている現状

綾織　ところで、先ほど、幸福実現党の選挙に関して、「負けてもやり続けているのは偉《えら》い」という話がありましたが、宮澤先生は、あの世から、幸福実現党を、トータルとして、どのようにご覧になっているのでしょうか。

宮澤喜一　うーん、でも、一人二業《にぎょう》は難しいよ。「宗教は宗教で大を成しながら、政治は政治で大を成す」というのは、そんなに簡単なことではない。似ているようで違《ちが》うところもあるからね。

宗教は、もともとの機能から見れば、左翼《さよく》的な弱者救済の面が本当は強いと思うんだよな。

だけど、今、政治もそれをやっているからさ。税金を払《はら》わない人でも、一票は一票なので、そういう人たちの票が取れる政策をとるようになってくる。財政赤字の原点は、ここだよね。実際は税金を払っていない人の票を取るために、ばら撒《ま》かなきゃいけない。これが財政赤字の原点だよね。

これは、ある意味で、宗教がやっていたようなことの代替《だいたい》作業を政治がやっているわけだ。そういう意味で、政治と宗教には、重なっているところもあるし、違っているところもある。

政治と宗教の機能が入れ替《か》わっている現代日本

宮澤喜一　幸福の科学は、宗教なのに、そうした弱者救済を中心にやるところとは違う。

例えば、キリスト教で言えば、「炊《た》き出し」だよな。キリスト教は、クリスマス前の炊き出しから始まって、病気の人を助けたり、貧困《ひんこん》層を助けたりする「炊き出し型の経済学」だが、幸福の科学では、「セルフ・ヘルプ」をおっしゃっている。つまり、宗教のほうが政治で、政治のほうが宗教になっている。今は、引っ繰《く》り返っているような感じがします。

だから、こちらのほうが政治のあるべき姿で、それを言っている大川さんは、「日本のケネディ」だよ。「国家があなたがたに何をしてくれるかではなくて、あなたがたが国家のために何ができるかを考えよ」という、強気のケネディが言ったのと同じことを言っているように感じるよ。「宗教がこれを言うか?」という感じですね。

一方、政治のほうは、一生懸命《いっしょうけんめい》にバラマキをやっている。「ＴＰＰ（環《かん》太平洋戦略的経済連携協定《れんけい》）で関税を廃止《はいし》して、自由貿易をやろう」というのは、アダム・スミス的に言えば、絶対にやらなきゃいけないことだと思うけども、「農村の議員が反対する」という理由で、なかなかできない。また自民党が割れて、公明党と合同しても国会で三分の二の票が取れなくなったら、憲法（改正案）が通らず、法律案にも支障が出てくるから、どんどん負け始めてきているね。

だから、政治と宗教の機能が入れ替《か》わったり、ごっちゃになったりして、非常にややこしい感じはあるわね。

オバマ大統領の「貧民救済政策《ひんみん》」がアメリカ衰退《すいたい》を招く

宮澤喜一　オバマさんがやっていることも、政治のように見えて宗教だよ。あれは宗教じゃないかね？　彼は、シカゴの貧民街《ひんみんがい》の人たちの救済をやっていたんでしょう？　それを、〝全国版〟にし、アメリカ全土に広げようとして、アメリカの富裕層《ふゆう》を叩《たた》き潰《つぶ》している。まあ、一票の価値は、みんな一緒《いっしょ》だからね。

これは民主主義の一つの側面で、「チャンスの平等」と「結果の平等」の両方を要求してくるところがあるけど、「結果の平等」のほうを強く言うと共産主義になるんだよな。

不法難民の子孫であろうと、学歴がない人、教育を受けていない人であろうと、一票は一票だからね。彼らに「お金を撒く」という〝宗教的なこと〟を、国の大統領が政治的にやっているような感じがする。それが、アメリカの衰退《すいたい》を招こうとしているんだろう。

そのことが、日本の幸福実現党には分かって、アメリカの民主党には分からない状態に陥《おちい》っているわけだ。だから、宗教と政治のあり方が、一部、逆転しているような面もあるかな。ここ（幸福実現党）は、どちらかといえば、ケネディのようなことを言っているよなあ。

綾織　「日本には政府が二つある」と言われた方もいました（『日下公人《くさかきみんど》のスピリチュアル・メッセージ』〔幸福の科学出版刊〕参照）。

宮澤喜一　そうなんじゃないの？

綾織　本来の政府は、こちらのほう……。

宮澤喜一　いやいや、二つはないんじゃない？　二つはなくて、「政府」と「政府を指導する機関」があるだけのことだね。

綾織　（笑）そうですね。ありがとうございます。

マスコミに悪口を書かれるので選挙に勝たなくてもよい？

加藤　先般《せんぱん》は、谷沢永一《たにざわえいいち》先生からも、「勝算を度外視してでも、正論を貫《つらぬ》いていけ！」というお言葉を頂きました（『幸福実現党に申し上げる』――谷沢永一の霊言《れいげん》――〔幸福実現党刊〕参照）。

宮澤喜一　ああいう偏屈《へんくつ》な人の意見を聴《き》いたら、偏屈な政党になるよ。

加藤　しかし、選挙には、必ず勝たなければいけない面もございます。

宮澤喜一　いや、勝たなくてもいいかもしれないよ。だって、苦労ばっかりだよ。あとは、もう、いいことはない。勝つと、毎日、マスコミに悪口を書かれるようになるからね。勝たなければ書かれないで済むけど、勝ったら、毎日、悪口を読まなきゃいけない。これは、つらいよ。

加藤　政治家らしくない政治家であられた宮澤先生から、何かアドバイスをお願いします。

宮澤喜一　宗教であれば、週刊誌に少し悪口を書かれるぐらいで済んでいるけど、政治のほうへ出たら、新聞の一面やテレビのニュースで、ガンガンガンガン批判されるから、きついところはあるよ。まあ、「三次元」だな。いわゆる「この世」だよ。

9　宮澤元総理の「転生《てんしょう》」とは

過去世《かこぜ》は本当に「菅原道真《すがわらのみちざね》」なのか

綾織　最後に、一点だけ教えていただきたいのですが、二十年ほど前に、宮澤先生の過去世《かこぜ》が「菅原道真《すがわらのみちざね》」であることが明らかにされています。

確かに、お話をお伺《うかが》いしていると、やはり……。

宮澤喜一　似てる?

綾織　シニカルなところとか……。

宮澤喜一　ちっ！

綾織　世を捨てている感じのところとか（笑）。

宮澤喜一　祟《たた》り神《がみ》？

綾織　まあ、祟り神とは言いませんが……。

宮澤喜一　貧乏《びんぼう》神？

綾織　そこまでは言いませんけれども（笑）、「非常にそっくりなのかな」という気持ちもございます。

宮澤喜一　（菅原道真は）平安時代最大の怨霊《おんりょう》だそうじゃないか。え？　そらあ、大したもんだ。そうすると、今度は、平成時代最大の怨霊になって、取り憑《つ》くかもしらんなあ。

「無念」というのは、なかなか晴らせないもんだな。

やはり、そんな感じになっているのかね。私は、こんな温和な顔をしているのに、おかしいねえ。

「学者に近いが政治にも口を出す」という転生《てんしょう》が多い？

綾織　そのほかの転生《てんしょう》のご活躍《かつやく》などもあると、少し〝中和〟されていいのかもしれません（会場笑）。もし、明かしていただけるような過去世がありましたら、お願いします。

宮澤喜一　いやあ、いつも、口先だけで、力のない男だろうと思うよ。

綾織　そうなのですか。

宮澤喜一　うん。そんな者でしか生まれていないでしょうね。あるとしたら、「学者や思想家に近いけど、政治にも少し口を出す」というあたりの転生はあるかもしらんねえ。

加藤　宮澤先生は、漢詩や書に造詣《ぞうけい》が深く、英語も非常に流暢《りゅうちょう》でいらっしゃいますが、中国系、あるいは西洋系での転生のご記憶《きおく》はございますでしょうか。

宮澤喜一　まあ、いずれにせよ、大したことはないからね。そういう人は、世界史を探せば大勢いるんだよ。そんな「天下の大将軍」だったりすることはありません。たいてい最後は負けて、「祟り神」になったような人しかいないからさ。

私の指導なんか受けたりしたら、どうなるか。

幸福実現党は、これ以上祟られてもしょうがないかもしれないけどね。まあ、一つの試みとしては面白《おもしろ》いとは思うけど、「あるとき、強い日本をつくろうとした政党があったとさ」ということで終わっちゃうかもしれませんねえ。

綾織　いえいえ。そうならないように戦い続けてまいります。

加藤　そうならないように、全力でやってまいりますので、どうぞ、見ていてください。

宮澤喜一　うーん。

10　幸福の科学への期待を語る

次の「日本や世界の発展の元手」は幸福の科学

宮澤喜一　でも、君らのやっていることが実現したら、次は中国十三億とガチンコでぶつかる感じになるよ。モンゴル出身の横綱《よこづな》に、幕下《まくした》から上がってきてぶつかるような感じになるかもしれないよ。

綾織　私たちは、必ずしも戦争を求めているわけではなく、国を守ることを考えているだけです。この点については、貫《つらぬ》き通して頑張《がんば》っていきたいと思っております。

宮澤喜一　うーん。まあ、アメリカが持ち直す可能性もあるからね。今、シェールオイルか、シェールガスか知らんけど、なんか、そういうものが噴《ふ》き出して、「〝ゴールドラッシュ〟に沸《わ》いている」という噂《うわさ》だからさ。

でも、もしかしたら、嘘《うそ》かもしれないよ。「それで、よくなる」と言って、一生懸命《しょうけんめい》に釣《つ》っている可能性があるからね。現実には、「それを掘削《くっさく》する費用を考えると、ペイしない」という結果が出てくる可能性もある。〝ゴールドラッシュ〟のように匂《にお》わせているけど、実際は、オバマ経済があまりよくないのをごまかすために一生懸命に言っている可能性もある。オバマさんのクリーンエネルギー政策は、ほとんど失敗したのでね。

これを日本の民主党がやろうとしたのは、時代遅《おく》れだったと思うけどねえ。

まあ、日本にも、何か、「次の値打ちを生むもの」というか、「価値を生む根《こん》拠《きょ》」は要《い》るわね。発展しようと思ったら、その元手が要るんだよ。元手が金銀だったり、石油だったり、石炭だったりすることもあるし、学問だったり、科学技術だったりすることもあるけども、君らの宗教が、次の日本の発展、あるいは、世界の発展の元手のようなものになるのなら、ありがたいですな。

綾織・加藤　ありがとうございます。

「緻密《ちみつ》でないところ」が安倍《あべ》総理の長所？

綾織　本日は、戦後政治の総括《そうかつ》と、また一部、未来性のあるお話も頂けました。本当にありがとうございました。

宮澤喜一　すべては空《むな》しゅうて、残念だったなあ（会場笑）。

綾織　いえいえ（笑）……。

宮澤喜一　申し訳ない。何で、私なんかを呼んだんだか……。

綾織　いえいえ。日本の政治を変えていくために必要なアドバイスを頂いたと思っております。

宮澤喜一　私なんかを出してきたら、安倍《あべ》さんが、がっかりしちゃうじゃないか。「やっぱり、こうなるのかあ」という感じでさ。まあ、若くてピチピチして、元気でいいのになあ。

彼のいいところは、緻密《ちみつ》でないところだよ。

綾織　そうですか。

宮澤喜一　緻密でないから、大雑把《おおざっぱ》に考えられる。それが明るさの原因さ。あまり細かく勉強した人は、どうも減点主義でいかんですな。

加藤　いずれにいたしましても、戦後政治を総括する意味での、大切なご示唆《しさ》は頂けたと思っております。

宮澤喜一　そうですか。

加藤　本当にありがとうございました。

宮澤喜一　何か、学ぶことはありましたか。

加藤　はい。

宮澤喜一　何かあった？

綾織　たくさん、参考にさせていただきました。

宮澤喜一　何が参考になった？　「何をやっても駄目《だめ》だ」っていうことが分かった？（会場笑）

綾織　いえいえ。私たちのやっていくべき道が、逆に明らかになったところがあると思います。

宮澤喜一　まあ、逆利用されないようにな。「大川隆法さんの思想を学んだら、自民党が崩壊《ほうかい》した」というような感じで言われないようにしたほうがいいね。「宮澤喜一のときは、そうだったらしい」などと（噂を）流されないように気をつけなきゃいけないね。

「次の時代」を発展させるには大雑把《おおざっぱ》に行くことも必要

宮澤喜一　私たち政治家からすれば、宗教は「票」だからね。宗教が嫌《きら》いな人もいるから、全然、近寄らない場合もあるけど、私は親近感を持っていたしね。有名なことだろうけど、東大で性善説を持っていた人間だった

ので、「みんな、よかれ」と思っていたんだけど、何だか没落《ぼつらく》の引き金を引いた
ようで、たいへん申し訳ないね。
あの学校は、金儲《かねもう》けを教えんからなあ。だから、発展しないんだと思うな。
（綾織に）一橋《ひとつばし》がいいよ、君。一橋は金儲けを教える学校だからね。国立とし
てはいいよ。

綾織　私立もありますし……。

宮澤喜一　まあ、あまり希望がない話になったね。希望がなくなるから、やはり、
年寄りを呼ぶもんじゃないよ。
次の時代については、君らの頭で何か考えたらいい。安倍さんに総理ができる
んだから、今、（幸福実現党には）総理ができる人は、たくさんいるんじゃない

の？　そういう人が、けっこう発展させるんじゃないの？　大雑把《おおざっぱ》に、ばっさり行ったほうがいいかもね。

綾織　はい。幸福実現党の矢内《やない》党首にも、若干《じゃっかん》、そういうところがありますので（会場笑）、これから、希望を持って、頑張っていきたいと思います。

宮澤喜一　まあ、いいんじゃないですか。頑張りたまえ。

綾織・加藤　ありがとうございます。

11　戦後レジームを終わらせる「次のビジョン」を描《えが》け

大川隆法　評論家のような人ですね。やはり、それほど歯切れがよい感じではありません。

この人は、いったい、何だったのでしょうか。人々に期待されつつ、そこまでいかなかった感じですね。

加藤　総理として出てくるのも遅《おそ》かったです。もっと早く引退していたほうが、よかったのかもしれません。

大川隆法　菅原道真《すがわらのみちざね》も遣唐使《けんとうし》を廃止《はいし》したりした人ですから、よくは分かりませんが、やはり、強く断行する感じの性格ではないようですね。

綾織　「自民党政治の象徴《しょうちょう》」のようなところはあるのかなと思います。

大川隆法　うーん。ただ、安倍《あべ》首相も、今は、あのように言っていますが、参院選が近づくにつれて、だんだん、いろいろなところから撤退《てったい》していきそうな感じはしますすよ。

おそらく、靖国参拝《やすくにさんぱい》にも、「行く」とは言えなくなると思います。さあ、どこまで引いていくでしょうか。

安倍首相を引かせないために、後ろから〝援護射撃《えんごしゃげき》〟をしなければいけないのか、今、微妙《びみょう》なところではあります。

政治は、現実には、なかなか厳しいようですね。いろいろな考え方を持っている人がいるので、「正論を押《お》し通す」というのは、そう簡単なことではないのでしょう。

まあ、「宮澤さんの考えで、いわゆる戦後の発展・成功の原型を終わらせた」ということですね。

加藤　「日米関係の礎《いしずえ》」と「高度経済成長の原型」をデザインするのに一定の役割を果たしましたが、それを、ご自身で終わらせた感じがします。

大川隆法　彼が終わらせた感じですね。その後《ご》、混沌《こんとん》状態が続いているので、今は、「そこから、どういうかたちで抜《ぬ》け出していくか」というところですね。

加藤　宮澤さんは、それについてはノービジョンで、アイデアがありませんでした。

大川隆法　それを言えるリーダーが出て、日本を引っ張っていけるか。それが出なくて、そのまま下がっていくか。そのどちらかですね。

まあ、やれるところまで、やってみましょう。

ただ、安倍首相の場合、何となく、「何をすればよいか」は分かっているような気もするのです。もう少し国民から信託《しんたく》を受けないとやれないでしょうが、「やるべきこと」は、ある程度、見えているような気が私にはしています。

「戦後レジームの本当の解体・決算」というのは、それだけで終わるものではありません。「次のビジョン」を描《えが》けなければ終わらないだろうと思います。

例えば、財務省あたりは、要するに、「借金の額」だけで全部を考えていますが、それは確実にマイナス思考です。

また、民主党政権のときには、「国民にお金を撒《ま》くのはよいことだ」というような感じでしたが、結局、何も遺《のこ》らない状態になっています。

やはり、「未来産業」につながるものに資金を投入していくことが大事でしょう。

毎年毎年、思いつくことはあるでしょうから、しばらくは、日本の心の拠《よ》り所になるものを発信できるかなと考えています。

宮澤先生、今日は、ありがとうございました（柏手《かしわで》を一回打つ）。

綾織　ありがとうございました。

あとがき

日本の自衛隊が、すでに実質上の高性能空母を二隻持っており、二〇一六年までには実質的に空母四隻体制になることを中国政府がまだ気づいていないことを望みたい。

また米空軍がマッハ「20」の速度で地球圏を飛びながら、北朝鮮や中国の核ミサイルとその基地を破壊できる秘密兵器ともいえるシャトルを実用化済みであることを、先方がまだ気づいていないことを望みたい。

その上で、沖縄県知事が米軍撤退を要求して政府ともめているように茶番劇を繰り返しつつ、習近平を誘い込み、尖閣に先制攻撃をさせようとしているのだと思いたい。

尖閣諸島の海底には、クウェート並みの油田が眠っているといわれる。さすれば日本の未来は明るい。

日本の政治家は本当は賢いのだと信じたい。アルジェリアの人質テロ事件と中国海軍のレーダー・ロック・オン事件とが地下でつながっていることを知らないふりをしているものと信じたい。

二〇一三年　二月七日

幸福実現党創立者兼総裁《こうふくじつげんとうそうりつしゃけんそうさい》　大川隆法《おおかわりゅうほう》

『宮澤喜一　元総理の霊言』大川隆法著作関連書籍

『未来の法』（幸福の科学出版刊）
『奇跡の法』（同右）
『常勝の法』（同右）
『悟りに到る道』（同右）
『従軍慰安婦問題と南京大虐殺は本当か？』（同右）
『日下公人のスピリチュアル・メッセージ』（同右）
『幸福実現党に申し上げる』――谷沢永一の霊言――（幸福実現党刊）

宮澤喜一《みやざわきいち》 元総理《もとそうり》の霊言《れいげん》

――戦後レジームからの脱却は可能か――

2013年2月21日　初版第1刷

著　者　　大《おお》　川《かわ》　隆《りゅう》　法《ほう》

発　行　　幸福実現党

〒107-0052 東京都港区赤坂2丁目10番8号

TEL(03)6441-0754

発　売　　幸福の科学出版株式会社

〒107-0052 東京都港区赤坂2丁目10番14号

TEL(03)5573-7700

http://www.irhpress.co.jp/

印刷・製本　株式会社 東京研文社

落丁・乱丁本はおとりかえいたします

ISBN978-4-86395-307-9 C0030

Photo: ロイター／アフロ　アフロ

大川隆法ベストセラーズ・時代を変革する精神

王陽明・自己革命への道

回天の偉業を目指して

明治維新の起爆剤となった「知行合一」の革命思想――。陽明学に隠された「神々の壮大な計画」を明かし、回天の偉業をなす精神革命を説く。

1,400円

朱子の霊言

時代を変革する思想家の使命

秩序の安定と変革、実学と霊界思想、そして、儒教思想に隠された神仏の計画……。南宋の思想家・朱子が語る「現代日本に必要な儒教精神」とは。

1,400円

日本陽明学の祖
中江藤樹の霊言

なぜ社会保障制度は行き詰まったのか!? なぜ学校教育は荒廃してしまったのか!? 日本が抱える問題を解決する鍵は、儒教精神のなかにある!

1,400円

※表示価格は本体価格(税別)です。

大川隆法ベストセラーズ・公開霊言シリーズ

幸福実現党に申し上げる

谷沢永一の霊言

保守回帰の原動力となった幸福実現党の正論の意義を、評論家・谷沢永一氏が天上界から痛快に語る。驚愕の過去世も明らかに。
【幸福実現党刊】

1,400円

イスラム過激派に正義はあるのか

オサマ・ビン・ラディンの霊言に挑む

「アルジェリア人質事件」の背後には何があるのか――。死後も暗躍を続ける、オサマ・ビン・ラディンが語った「戦慄の事実」。

1,400円

安倍新総理 スピリチュアル・インタビュー

復活総理の勇気と覚悟を問う

自民党政権に、日本を守り抜く覚悟はあるか!? 衆院選翌日、マスコミや国民がもっとも知りたい新総理の本心を問う、安倍氏守護霊インタビュー。
【幸福実現党刊】

1,400円

幸福の科学出版

大川隆法 ベストセラーズ・国難を打破する

政治と宗教の大統合
今こそ、「新しい国づくり」を

国家の危機が迫るなか、全国民に向けて、日本人の精神構造を変える「根本的な国づくり」の必要性を訴える書。

1,800円

国を守る宗教の力
この国に正論と正義を

３年前から国防と経済の危機を警告してきた国師が、迷走する日本を一喝！ 国難を打破し、日本を復活させる正論を訴える。
【幸福実現党刊】

1,500円

平和への決断
国防なくして繁栄なし

軍備拡張を続ける中国。財政赤字に苦しみ、アジアから退いていくアメリカ。世界の潮流が変わる今、日本人が「決断」すべきこととは。
【幸福実現党刊】

1,500円

※表示価格は本体価格（税別）です。

大川隆法 ベストセラーズ・戦国の英雄の知恵を学ぶ

徳川家康の霊言

国難を生き抜く戦略とは

なぜ、いまの政治家は、長期的な視野で国家戦略が立てられないのか。天下平定をなしとげた稀代の戦略家・徳川家康が現代日本に提言する。

1,400円

太閤秀吉の霊言

天下人が語る日本再生プラン

いまの日本は面白くない！　天下人まで登りつめた秀吉が、独自の発想力とアイデアで、国難にあえぐ現代日本の閉塞感を打ち砕く。

1,400円

百戦百勝の法則

韓信流・勝てる政治家の条件

人の心をつかむ人材となれ——。不敗の大将軍・韓信が、ビジネスにも人生にも使える、「現代の戦」に勝ち続ける極意を伝授。
【幸福実現党刊】

1,400円

大川隆法 ベストセラーズ・希望の未来を切り拓く

未来の法

新たなる地球世紀へ

序　章　勝利への道
——「思いの力」に目覚めよ

第１章　成功学入門
—— 理想を実現するための考え方

第２章　心が折れてたまるか
——「強い心」を発見すれば未来が変わる

第３章　積極的に生きる
—— 失敗を恐れず、チャレンジし続けよう

第４章　未来を創る力
—— 新しい時代を切り拓くために

第５章　希望の復活
—— さらなる未来の発展を目指して

2,000円

法シリーズ
19作目

暗い世相に負けるな！ 悲観的な自己像に縛られるな！ 心に眠る「無限のパワー」に目覚めよ！ 人類の未来を拓く鍵は、私たち一人ひとりの心のなかにある。

教育の使命

世界をリードする人材の輩出を

わかりやすい切り口で、幸福の科学の教育思想が語られた一書。イジメ問題や、教育荒廃に対する最終的な答えが、ここにある。

1,800円